AF495067

L'œuvre de la France
en Cochinchine

Discours

prononcé par

M. Blanchard de la Brosse

Gouverneur de la Cochinchine

à l'ouverture
de la Session ordinaire du Conseil Colonial
le 16 août 1927

Messieurs les Conseillers Coloniaux,

C'est une circonstance dont j'apprécie tout le prix, qu'une réunion un peu anticipée de votre Assemblée me permette d'entrer plus tôt en rapports officiels avec ce grand conseil d'administration de la Cochinchine qu'est le Conseil Colonial. Mes prédécesseurs ont vanté sa sagesse, sa large compréhension de la chose publique, son sentiment élevé de ses devoirs ; je n'en suis pas surpris. Il est peu d'entre vous avec qui, depuis huit mois, je ne me sois souvent entretenu de nombreuses questions d'intérêt général, et dont je ne me sois félicité d'avoir recueilli les opinions et les suggestions. Ainsi a pu s'établir, dès son arrivée à Saigon, entre le nouveau Chef de la Colonie et votre Haute Assemblée, comme avec les autres corps élus, une collaboration soutenue et qui, pour être demeurée officieuse, n'en a pas moins été, je l'espère, des plus profitables aux grands intérêts dont nous avons les uns et les autres la charge.

En prenant pour la première fois la parole devant vous, j'avais pour agréable obligation de vous en exprimer toute ma gratitude.

De tous les devoirs qui m'incombent, celui du maintien de l'ordre, et je ne parle pas seulement de l'ordre facile dans la rue, mais de la tranquillité dans les esprits, qui conditionne la solution de tous les problèmes économiques et sociaux, est celui qui m'eût paru, lors de ma désignation pour la Cochinchine, le plus difficile à remplir, si je n'avais connu déjà, par de fréquents séjours antérieurs parmi vous, le bon sens et la sagesse de la masse de la population de ce pays. Venu en Cochinchine avec le désir d'assurer entre les divers éléments en présence la concorde et la paix, ma tâche a été grandement facilitée, j'ai hâte de le dire, par l'admirable tenue de la presse et de l'opinion françaises, demeurées calmes et indifférentes devant les provocations et les menées de quelques agitateurs. Elle n'a pas moins été aidée par l'attitude confiante de l'immense majorité de la population annamite. Au cours de nombreuses tournées dans l'intérieur, j'ai été vivement touché des démonstrations dont a été l'objet le représentant de la France. Mon impression, conforme au sentiment unanime des Chefs de province, est que la situation politique dans son ensemble demeure satisfaisante. La population sait que, dans cette contrée où tant de dominations ont passé, la France, la première, établit l'ordre sur la base du respect de la personnalité de chacun. Très nombreux encore sont les fonctionnaires indigènes, les notables, qui peuvent comparer ce qu'était ce pays il y a quarante ans à ce qu'il est aujourd'hui ; le développement de la colonisation, la richesse générale, dépassent tout ce qu'avaient envisagé, il y a seulement quelques années, les prévisions les plus optimistes. Au surplus, l'œuvre réalisée par la France avec la sincère collaboration de l'effort annamite n'est pas contestable, elle est retracée en quelque sorte, sur le sol par 7.360 km. de routes, 650 km. de canaux primaires, 246 km. de voies ferrées, 228 formations hospitalières ou sanitaires, 1.400 écoles, 1.900.000 hectares mis en valeur et conquis sur des marécages ou sur la forêt : aveugle qui ne la voit pas !

Est-ce à dire pourtant qu'il ne se trouve pas quelques adversaires de la paix française en Cochinchine ? Il n'est pas de régime qui n'ait ses opposants. L'opposition est pour tout gouvernement une incitation à l'action et à une révision nécessaire de ses doctrines et de ses méthodes. Elle est désirable et utile. Mais peut-être a-t-elle revêtu, depuis quelques années en Cochinchine, une forme inadmissible. La présence de la France en Indochine est un fait consacré par les immenses services qu'elle a rendus, et l'impossibilité où se trouverait ce pays d'échapper, si sa protection s'en retirait, aux convoitises de puissants voisins. Au surplus, l'interdépendance politique et économique des Etats du Monde moderne est telle qu'il n'est plus de peuple dont l'action ne soit plus ou moins étroitement subordonnée aux convenances de nations, à qui l'ont liée sa situation géographique et son destin.

Cependant, une propagande très active entend entamer la fidélité des populations à la France : tantôt insidieuse et voulant bien octroyer à notre évacuation quelques délais, tantôt véhémente et brutale, avec le concours d'insatiables ambitieux, de quelques jeunes gens dont l'irréflexion explique la conduite, et qu'excusent leur inexpérience et leur ignorance surtout de ce qu'était autrefois le pays, elle poursuit par le moyen d'une organisation dont il est facile de saisir les fils et la méthode, son œuvre d'excitation et de haine. La patience des Pouvoirs publics a une borne, là où une longanimité plus grande créerait pour ce pays un péril fatal à son développement et à sa prospérité. Des exemples trop proches de nous montrent dans quel abîme de violences et d'anarchie peuvent tomber les plus grands empires quand l'autorité du Gouvernement s'évanouit. L'Administration locale n'a ménagé pendant des mois ni ses conseils amicaux, ni ses avertissements pressants aux agitateurs jusqu'au jour où, en présence de la volonté établie de quelques individus de créer et d'entretenir dans la colonie, sous les prétextes les moins fondés, une agitation continue, elle a dû mettre en mouvement l'action judiciaire.

Messieurs, aujourd'hui la situation est nette et claire : elle a été admirablement définie dans deux magnifiques discours, à Hanoi et à Hué, par M. le Gouverneur Général Varenne. Une haute personnalité morale comme la France ne modifie, ni sa ligne de conduite, ni sa doctrine pour des oppositions impuissantes et éphémères. La France passionnée d'idéal demeure partout dans le monde le champion du progrès humain, mais là où les circonstances l'ont amenée et fixée, elle demeure, et elle justifie son occupation par ses bienfaits. Plus elle est décidée à maintenir ses prérogatives et ses droits, plus elle est résolue à ne les exercer qu'avec la plus bienveillante équité, et moins elle envisage de les abandonner jamais, plus elle entend se concilier par un large libéralisme les populations placées sous son égide. Aussi est-elle prête à leur consentir toutes les libertés compatibles avec le maintien de l'ordre dans le cadre inébranlable de la souveraineté française. Mais le principe de cette souveraineté doit demeurer hors d'atteinte, et la France résolue à la pratique de la collaboration la plus étendue avec les indigènes, ne pourrait considérer comme ses amis ou seulement comme des sujets fidèles ceux qui, malgré ses appels à l'union et à la concorde, le contesteraient.

Le souci du Gouvernement de maintenir hors de toute discussion les droits de la France lui impose des devoirs dont l'Administration locale connaît la grandeur et la nécessité. *Assister, instruire, enrichir l'indigène sont les trois grands buts que nous poursuivons.*

Ces principes directeurs ont, au cours de l'année écoulée, inspiré l'action de tous les services.

Il n'est pas inutile, Messieurs, de vous en tracer rapidement les traits essentiels.

I. — Assister et instruire

La première obligation d'une administration soucieuse d'être fidèlement servie est de traiter avec équité et bienveillance ses collaborateurs immédiats. Il m'est apparu que la situation du personnel indigène, après la revision déjà faite du statut du personnel européen, demandait de justes améliorations.

Mesures prises en faveur du personnel indigène. — Les réformes apportées depuis le début de l'année au statut du personnel indigène ont tendu à relever le prestige des fonctionnaires des cadres supérieurs et à améliorer la situation matérielle de tous les agents en général.

C'est dans cet esprit que le classement des Commis dans le cadre des Phu et Huyên a été réalisé. L'Administration locale a estimé avec raison que les Annamites, très attachés à leurs coutumes et aux dénominations qui rappellent les préséances mandarinales, obéissent plus naturellement aux fonctionnaires dont les titres ont toujours inspiré dans leur pays, la considération et le respect.

La suppression du cadre des Phu et Huyên avait, d'autre part, causé une vive déception parmi les secrétaires entrés dans l'Administration avant 1920, en leur enlevant tout espoir de parvenir à des grades convoités.

Ces considérations ont amené le Gouvernement local à proposer la refonte des cadres supérieurs en un cadre organisé par Arrêté du 6 janvier 1927, qui donne pleine satisfaction aux élèves de l'Université indochinoise et aux secrétaires des cadres locaux recrutés par voie de concours.

Dans le même ordre d'idées, d'importantes mesures ont été prises pour améliorer les conditions matérielles d'existence de nos collaborateurs.

C'est ainsi que, sur la demande du Gouvernement local, a été instituée, par Arrêté du 30 avril 1927, une indemnité de changement de résidence qui permet aux fonctionnaires et agents indigènes, en cas de déplacement définitif, de faire face sans difficulté aux frais multiples qu'entraîne une nouvelle installation ; c'est ainsi, encore, que par Arrêté du 13 juin 1927, il a été procédé au relèvement des indemnités de route et de séjour et au reclassement du personnel au point de vue des passages à bord des bateaux et sur les chemins de fer.

Enfin, des dispositions ont été prises lors de l'établissement du budget pour accorder à tous les fonctionnaires indigènes des indemnités pour charges de famille, qui constitueront pour nos collaborateurs un avantage appréciable. Des crédits ont été prévus, sur les demandes des amicales, pour la construction à Nhatrang d'un sanatorium pour les agents indigènes.

Demeure à l'étude l'importante question du relèvement des soldes qui n'a pas encore reçu de solution, faute des crédits nécessaires à sa réalisation. L'Administration se propose d'ailleurs de donner satisfaction au personnel intéressé par d'autres moyens, notamment par la construction d'habitations à bon marché. L'étude de cette question se poursuit activement et des réalisations ont déjà été obtenues dans quelques chefs-lieux de province.

D'autre part, des recommandations ont été faites aux Chefs de service et de province pour que des attributions, mieux définies et plus en rapport avec leur expérience et leur capacité administrative, soient confiées aux agents indigènes. C'est ainsi que des emplois de chefs de bureau dans les Inspections leur ont été réservés. Au Cabinet même du Gouverneur, deux sur quatre des services sont dirigés par des fonctionnaires indigènes.

Le Gouvernement Général a été, en outre, saisi de propositions tendant à augmenter en Cochinchine le nombre des justices de paix indigènes, celles déjà instituées ayant donné toute satisfaction.

Ces dispositions sont incontestablement de nature à relever le prestige moral d'agents fidèles, à qui l'Administration de la Cochinchine entend assurer une situation largement améliorée au fur et à mesure que se manifestera davantage l'importance de leurs services et leurs aptitudes.

Assistance médicale. — Tandis, Messieurs, que ces efforts pour l'amélioration des conditions d'existence de nos collaborateurs indigènes n'intéressent qu'une partie de la population, au contraire, tout ce qui se rattache à l'assistance et à l'hygiène nous offre comme champ d'action la masse même des habitants de ce pays.

Pendant l'année 1926, les services de l'Assistance médicale ont continué régulièrement leur progression, témoignage d'un effort soutenu et méthodique. En 10 ans, le nombre des consultants est passé de 184.768 à 451.350, soit une augmentation de 244 % ; le nombre des hospitalisés suit une progression parallèle ; il passe de 28.864 en 1917 à 77.461 en 1926, et s'accroît ainsi de 275 %.

Cette augmentation si considérable ne témoigne pas, est-il besoin de le dire, d'une aggravation de l'état sanitaire ; elle traduit matériellement le développement de nos moyens d'action. Cette impression très satisfaisante se confirme encore si l'on considère la forte augmentation de la natalité ; en 1926, le chiffre le plus élevé des 20 dernières années a été atteint, celui de 144.913 naissances.

Certes, l'année 1926 a été assombrie par l'alerte d'une grave épidémie de choléra. Mais, cette épidémie même a montré jusqu'à l'évidence la parfaite souplesse de nos organisations sanitaires qui ont su, sans à-coups, s'adapter aux nécessités de l'heure et fournir immédiatement le rendement maximum. C'est par près de 600.000 vaccinations que s'est traduite, en quelques mois, l'activité de nos médecins et de leurs subordonnés européens et indigènes. Leur dévouement professionnel a été au-dessus de tout éloge.

Dans le même ordre d'idées et en parfaite harmonie avec les services d'Assistance médicale, l'Institut Pasteur de Saigon faisait face à d'incessantes demandes de vaccin ; grâce à l'activité de son personnel, ses ressources étaient accrues d'urgence et, en quatre mois, les quantités de vaccin fournies à la seule Cochinchine s'élevaient à 800 litres.

La lutte difficile contre cette épidémie de choléra n'a entravé ni l'activité ni le fonctionnement normaux des services d'Assistance. Le total des journées de traitement a atteint le chiffre, jamais égalé, de 1.331.440, soit 61.519 de plus que l'année passée et, en 10 ans une augmentation de 222 %.

Les formations sanitaires de l'Assistance médicale sont donc à la hauteur des obligations qui leur incombent. Il reste là plutôt, désormais à développer, à perfectionner qu'à créer.

Il faut cependant faire une exception pour certaines provinces de la Cochinchine ; leur essor entraîne pour nous de nouvelles obligations. Certains hôpitaux provinciaux nécessitent une complète réorganisation, pour pouvoir répondre à de nouveaux besoins. L'important accroissement numérique de la main-d'œuvre agricole, dû surtout au développement des plantations, pose de nouveaux problèmes. La surveillance médicale de cette main-d'œuvre à son arrivée, l'organisation rationnelle et efficace du service sanitaire sur les plantations, l'inspection périodique des conditions d'hygiène et de salubrité dans lesquelles vivent les travailleurs sont au premier plan des préoccupations de l'Administration.

De plus en plus, l'Assistance médicale s'oriente vers les problèmes difficiles de la prophylaxie et de la prémunition. Mieux vaut prévenir que guérir ; le vieux dicton populaire reste profondément vrai.

Déjà les résultats les plus encourageants ont été obtenus en Cochinchine. Sans même parler de l'intense propagande de l'hygiène très judicieusement organisée, je puis vous dire que les formations, dont la création vous était signalée l'année dernière, sont maintenant en plein fonctionnement.

Un Institut prophylactique est venu se substituer à la polyclinique municipale pour le traitement des nombreux consultants qu'elle recevait au titre des maladies vénériennes, si fréquentes en ce pays.

De conception plus originale encore, je dirais volontiers plus hardie, un Institut de puériculture a commencé à fonctionner vers la fin de l'année écoulée ; nous avons voulu que les mères européennes et indigènes trouvent pour leurs tout-petits, non pas un hôpital rébarbatif, non pas une consultation banale où elles se verraient mêlées à un public disparate, mais un institut où mères et enfants auraient l'impression d'être chez eux. Nous pensons avoir réussi. L'accueil fait à cet Institut de puériculture, la faveur dont il jouit déjà, les 14.000 consultations qui y ont été données dans les quatre derniers mois, paraissent d'un excellent présage pour l'avenir. Des mères anémiées et convalescentes y sont également recueillies, car dans bien des cas, améliorer la condition physique de la mère, c'est sauver l'enfant. Nous développerons encore l'action de l'Institut par des cours de perfectionnement au personnel secondaire de l'Assistance médicale et de l'Enseignement, cours qui en feront une école pratique dont l'influence bienfaisante s'étendra à toute la colonie.

A Saigon-Cholon, l'eau potable est désormais stérilisée par un procédé de javellisation, inspiré de celui de la ville de Paris. Les contrôles bactériologiques de l'Institut Pasteur montrent que la méthode est d'une efficacité parfaite. C'est là un très important progrès dont la répercussion s'est immédiatement traduite par le petit nombre de cas de choléra constatés en 1927 dans les deux grandes agglomérations.

Notons aussi, Messieurs, le remarquable développement donné en Cochinchine à la vaccination antituberculeuse de Calmette. En 1925, c'étaient plus de 5.000 enfants vaccinés contre la terrible affection ; en 1926, ce nombre s'élève à 7.660.

Par rapport à sa population, la Cochinchine est l'un des pays du monde où la vaccination antituberculeuse a reçu la plus large diffusion.

Mais bien des problèmes sollicitent toujours notre attention. Encore mal connues, certaines affections, la lèpre et le béribéri par exemple, ne peuvent pas actuellement être assez efficacement combattues. Ce sera l'œuvre de demain, lorsque le laboratoire aura montré la voie à l'hygiéniste.

Ce rapide exposé vous a fait passer en revue la situation de l'Assistance médicale en Cochinchine. Les réalisations obtenues, les résultats espérés sont à l'honneur de ce service. Son œuvre bienfaisante et féconde rayonne sur la Colonie pour le mieux-être de tous.

Enseignement. — Dans un pays comme le nôtre, Messieurs, où ne se pose pas, à l'image de certains territoires africains, la redoutable question de l'alimentation de l'indigène, celle de la protection de la santé publique doit retenir toute notre attention et mériter tous nos efforts. Après elle, vient immédiatement la préoccupation d'assurer à la population l'instruction dont elle est susceptible. Il n'est pas, en effet, de meilleur moyen de la prémunir contre certains entraînements et de lui ouvrir de nouvelles perspectives d'activité.

Disciple fidèle de mon maître vénéré, le Gouverneur Général Paul Beau, il y a plus de 20 ans que les problèmes divers de l'Instruction des indigènes ont sollicité et retenu mon attention, et je considère comme une des circonstances de ma carrière dont je suis le plus fier, d'avoir été appelé pendant dix-huit mois à diriger en Indochine le service de l'Instruction Publique. Vous ne vous étonnerez pas, Messieurs, qu'il retienne en Cochinchine toute ma sollicitude.

D'importants efforts ont été accomplis, cette année, pour compléter notre organisation scolaire et en obtenir le meilleur rendement.

En ce qui concerne l'enseignement français, je marquerai tout d'abord l'étape qu'achève de franchir l'enseignement secondaire. De création encore récente en Cochinchine, il a vu son organisation se perfectionner rapidement. Des maîtres, jeunes pour la plupart, sont arrivés de la Métropole. Les résultats déjà satisfaisants (26 élèves admissibles, 20 admis définitivement à la dernière session du baccalauréat) le deviendront davantage à mesure que se présenteront à l'examen final des promotions dont les études auront moins souffert des lacunes du début.

Et notre vieux Collège Chasseloup-Laubat, devenu un jeune Lycée à la rentrée des classes de septembre 1928, supportera aisément la comparaison avec ceux de nos grandes villes de France ; les Français de plus en plus nombreux qui s'enracinent à la Colonie ne seront plus contraints au pénible sacrifice de se séparer de leurs enfants pour leur assurer une bonne éducation ; les Annamites, toujours en plus grand nombre, qui désirent soumettre les leurs à la forte discipline d'études purement françaises, n'auront plus à les exposer aux risques d'une émancipation prématurée, loin de leur milieu d'origine.

La Cochinchine va donc avoir son Lycée ; elle a son école primaire supérieure de jeunes filles, où les études vont s'améliorant sans cesse. Il lui manque une école primaire supérieure française pour les garçons. Les enfants peu doués pour les études secondaires, ceux qui cherchent une préparation plus courte à une carrière plus rapidement rémunératrice, ne trouvent dans aucun des établissements actuels un enseignement qui leur convienne ; d'autre part, les maisons de commerce, certaines administrations ont peine à recruter des employés déjà munis des connaissances générales ou de la formation pratique qui abrégerait leur apprentissage. L'ouverture d'une école primaire supérieure de garçons comprenant, à côté de la section générale, une section commerciale, répondra à ce double besoin. Mon intention est de réaliser cette création à la rentrée des classes de 1928.

L'enseignement français, intéresse non seulement les familles françaises, mais un nombre toujours croissant de familles annamites qui préfèrent ses programmes et ses diplômes à ceux de l'enseignement franco-indigène. Ce dernier, cependant, spécialement adapté à l'esprit et aux besoins du pays, demeure l'enseignement du plus grand nombre : c'est sur lui que doit porter l'effort principal du Gouvernement.

Avec l'enseignement primaire à la base, il comprend, vous le savez, Messieurs, le primaire supérieur, puis le secondaire local qui mène au seuil de l'Université indochinoise. Les élèves du secondaire local sont, à vrai dire, peu nombreux et, phénomène unique, cet enseignement voit décroître ses effectifs. Cela tient surtout à l'insuffisance de ses sanctions. Il suffira, j'en suis certain, d'obtenir l'équivalence du baccalauréat local et du baccalauréat français, pour que l'enseignement secondaire local soit l'objet de la même faveur que les degrés qui le précèdent.

Je signale comme un des faits les plus saillants de la dernière année scolaire, le développement remarquable de l'enseignement primaire supérieur franco-indigène. Les admissions en première année ont atteint un total de 685 élèves, supérieur de 80% environ au total le plus élevé des années antérieures.

Les besoins du pays paraissent ainsi largement satisfaits par un recrutement annuel de près de 700 élèves. Environ 60 % des élèves qui ont achevé leurs études primaires et obtenu le certificat d'études, trouvent accès dans les établissements officiels du 2e degré. Cette proportion permet assurément de ne négliger aucune des forces intellectuelles dont la mise en valeur peut être utile au pays. C'est le lieu de rappeler, Messieurs, que le recrutement des écoles du 2e degré est aussi démocratique en Cochinchine qu'en aucun pays du monde ; les 1.358 élèves de l'enseignement primaire supérieur comptent tout près de 900 boursiers, auxquels il faut ajouter 250 élèves externes qui ne paient qu'une rétribution des plus modiques ; 200 élèves seulement ont à supporter le prix de la pension ou de la demi-pension. Ces chiffres vous convaincront, mieux que le plus habile discours, que la seule mesure de l'instruction accessible aux jeunes protégés de la France est dans leurs aptitudes.

La construction du Collège de Choquan, beaucoup trop lente, à mon gré, a pu enfin être accélérée ces derniers mois et, dès la prochaine rentrée des classes, deux cents internes au moins trouveront une installation confortable dans la partie qui s'achève. En septembre 1928, les travaux seront terminés, et le nouveau collège, doté de tous ses services, pourra recevoir environ 700 élèves, presque le double de l'effectif actuel de l'enseignement franco-indigène au Collège Chasseloup-Laubat. La construction de vastes internats primaires, déjà fort avancée à Mytho, à la veille d'être entreprise à Cantho, libérera également les deux collèges de province des éléments étrangers qui sont une entrave à leur bon fonctionnement.

Accroissement des effectifs, developpement des constructions scolaires, tel est le bilan essentiel de cette année.

La qualité de l'enseignement, aussi, s'est améliorée à la faveur du perfectionnement de l'outillage scolaire : laboratoires, collections, bibliothèques, à la constitution desquels ont bien voulu concourir les services administratifs et de grandes entreprises privées.

Le calme et la discipline n'ont cessé, durant toute l'année scolaire, de régner dans tous nos établissements. Les sanctions prises l'année dernière pour mettre fin à une agitation sans fondement ont fait comprendre aux élèves que pour tout travail profitable et utile, ils devaient d'abord se soumettre à la discipline universitaire. Leurs maîtres méritent toute leur confiance, non seulement par leur valeur intellectuelle, mais aussi par le libéralisme de leur esprit et leur élévation morale.

J'ai hâte, Messieurs, d'arriver à l'enseignement primaire, et après vous avoir indiqué les progrès de cette année, de vous exposer la nouvelle étape que je désire maintenant lui voir franchir. La dernière année scolaire a été marquée par l'ouverture de 27 écoles nouvelles dont 5 de plein exercice. Grâce à ces créations et au développement des écoles existantes, près de 200 classes nouvelles nous ont permis de recevoir environ 3.500 élèves de plus que l'année dernière. Symptôme intéressant à noter, l'augmentation a porté surtout sur l'élément féminin : 15.610 filles ont fréquenté cette année l'école primaire contre 13.850 en 1925-1926, soit une progression de 13% d'une année à l'autre. Ainsi, le peuple cochinchinois veut que ses filles soient munies à leur tour, comme ses fils, d'une instruction qui décuple leur valeur sociale. Il y a tout lieu de se réjouir de cette évolution que nous avons laissé s'opérer d'elle-même sans la précipiter, mais que la transformation économique du pays rendait à peu près fatale.

Le moment paraît donc propice pour tenter de faire tomber plus rapidement les derniers obstacles qui s'opposent encore à ce que les bienfaits de l'enseignement soient mis à la portée de tous sans exception, jusque dans les villages les plus déshérités. C'est dans ce but que j'ai, par Arrêté du 27 juin dernier, posé le principe de l'instruction élémentaire obligatoire. Trois obstacles ont arrêté pendant longtemps cette réforme : l'absence d'ouvrages scolaires, de maîtres et d'écoles.

J'ai, comme Directeur de l'Instruction Publique, jeté les bases d'un programme qui, s'il avait été entièrement exécuté, eût assuré jusque dans les coins les plus reculés de l'Indochine la diffusion de manuels d'un prix infime qui eussent rendu d'éminents services à l'enseignement populaire. Si peu que ce programme ait encore été suivi, il a cependant permis déjà la distribution de plus d'un million de ces petits ouvrages et ainsi, est tombée une des difficultés les plus lourdes à surmonter.

D'autre part, la Cochinchine a réalisé un remarquable effort pour accroître le nombre des maîtres qualifiés. Nos écoles normales commencent à donner leur plein rendement : 72 maîtres sortent cette année de l'Ecole normale des garçons; l'année prochaine en fournira à peu près le même nombre. Plus récente, l'Ecole normale des Filles commence seulement à nous donner les premières maîtresses. Leur recrutement ne présente plus de difficultés : tandis qu'en 1925 encore, il y avait à peine plus de candidates que de places, l'année dernière il s'est présenté trois candidates en moyenne pour chaque place.

Pendant de longues années encore cependant, le cadre des instituteurs devra être renforcé par celui des instituteurs auxiliaires. Avec une instruction générale plus rudimentaire, ces derniers peuvent être de bons « auxiliaires » à condition de recevoir une préparation professionnelle suffisante. C'est dans ce but qu'ont été ouverts l'année dernière, dans les écoles primaires de plein exercice, plusieurs cours de certifiés et que de nouveaux s'ouvriront cette année.

Les cours de perfectionnement pendant les vacances, inaugurés en 1925, ont été réorganisés, et le *Journal des Ecoles*, divisé en autant de sections qu'il y a de types de classes, sera désormais pour chaque maître un guide précis pour la tâche spéciale qui lui incombe. Enfin, pendant une période que nous souhaitons aussi courte que possible, mais qui ne saurait être évitée, il a été prévu que les communes pourront faire appel aux fonctionnaires retraités ou aux notables de bonne volonté ayant des connaissances suffisantes, pour dispenser aux enfants les rudiments de l'enseignement populaire.

Avec le maître, nous avons, Messieurs, l'âme de l'école. Il lui faut aussi un corps. Il faut que des toits s'élèvent pour abriter les élèves qui se presseront autour du maître pour s'instruire. Il faut aussi, pour qu'elle soit profitable que la fréquentation de l'école soit assidue. L'arrêté que je viens de signer a pour but d'amener communes et parents à prendre davantage conscience de leurs devoirs. Aux communes, de trouver les ressources nécessaires pour édifier l'école. Point n'est besoin d'être riche, point n'est besoin de construction coûteuse. Sous le climat de la Cochinchine, une simple paillote bien conçue peut être un abri plus sain et aussi agréable qu'un luxueux édifice. Aux parents enfin, à tous les parents, de s'imposer les sacrifices nécessaires et d'ailleurs légers, pour élever leurs enfants par l'instruction. Si la plupart du temps les écoles que nous ouvrons se trouvent bientôt trop petites pour contenir la multitude enfantine qui se précipite à leurs portes, on me signale cependant telle ou telle province où il y a de nombreuses places vides et où des enfants vivent près de l'école sans demander à y entrer. C'est le vœu de la France que tous les enfants de la Cochinchine, comme ceux de la Métropole, sachent au moins lire, écrire et compter dans leur langue maternelle et qu'ils possèdent de simples, mais solides éléments d'hygiène, de connaissances usuelles et de morale, ceux-ci inspirés de traditions qui n'ont d'ailleurs avec les nôtres aucun caractère d'opposition.

L'école ne doit pas seulement, Messieurs, être un centre d'instruction, elle doit être encore un foyer d'éducation et aussi le moyen d'assurer, dans l'intérêt de l'avenir de la race, aux enfants pauvres, une alimentation plus substantielle que dans leurs familles.

J'ai insisté cette année auprès des Chefs de province sur la nécessité d'encourager les institutions d'assistance scolaire, en particulier les « Caisses des Ecoles » et les « Cantines scolaires ». Elles peuvent contribuer puissamment à faciliter la fréquentation scolaire, en venant en aide aux familles modestes ou trop éloignées du chef-lieu, en améliorant la condition de l'enfant, ou en suppléant à l'insuffisance de certains budgets communaux pour doter l'école de tout ce qui lui est nécessaire, accroître son influence moralisatrice et seconder l'action du maître. Mon appel a été entendu, et il ne se passe pas de semaines sans que des projets de statuts ne soient soumis à mon approbation. J'espère donc que mes intentions seront bien comprises et que les efforts de l'Administration seront soutenus par tout ce qui compte dans ce pays par la fortune, l'esprit ou le caractère.

II. — Enrichir l'Indigène

Telle est, Messieurs, rapidement exposée, l'œuvre d'intérêt social vers laquelle mon Administration a tendu ses efforts, visant à rendre plus facile et plus saine la vie des populations.

Aux résultats remarquables obtenus dans les domaines de l'Assistance et de l'Enseignement, ne le cèdent d'ailleurs en rien ceux que la colonisation française et la colonisation annamite ont atteint sur le terrain économique. Connaissant déjà de longue date le travail de la terre, l'exploitation du sol ou de la forêt, la pratique de l'élevage, le commerce, l'Annamite de Cochinchine, avec l'ordre que nous avons assuré, avec les données nouvelles que nous lui avons apportées, les initiatives que nous avons provoquées et encouragées, a largement contribué à faire de son pays le plus riche de l'Union. Les statistiques révèlent les résultats prodigieux de l'œuvre déjà réalisée.

Sur une superficie totale de 5.700.000 hectares, la Cochinchine comptait au 31 décembre dernier près de 1.900.000 hectares de terrains cultivés, dont 1.600.000 par les indigènes seuls. Nous sommes loin des 675.000 hectares cultivés en 1883 !

La superficie des cultures en Cochinchine a triplé en 44 ans, grâce aux efforts constants de l'Administration et de la population, tant indigène qu'européenne. La colonisation s'est portée depuis une quinzaine d'années, parallèlement au développement de la rizière, sur les régions forestières du Nord et de l'Est, où l'hévéa a trouvé un habitat convenable.

S'il reste à l'heure actuelle près de 2.000.000 d'hectares à conquérir sur la brousse de l'Ouest et sur la forêt de l'Est, des indices certains marquent que le mouvement agricole tend à s'accélérer. Les prospections sont nombreuses, de puissants moyens financiers locaux sont prêts à seconder les efforts des hommes qui ont confiance dans le riz et dans l'hévéa, et on peut escompter une rapide mise en valeur d'une vaste partie des terres qui s'offrent encore aux colons.

A la date du 31 mars dernier, des demandes portant sur plus de un million d'hectares étaient en instance dans les diverses provinces, et le total des demandes indigènes seules atteignait 800.000 hectares.

Les dépenses faites chaque année en Cochinchine, pour la mise en valeur des régions précédemment incultes et pour l'entretien des terres cultivées, sont évaluées à plus de cent millions de piastres. Le revenu annuel brut approximatif des seules rizières appartenant à des indigènes est estimé également à plus de cent millions de piastres.

Je vous disais, Messieurs, qu'enrichir l'indigène était un de nos premiers devoirs ; la France s'est donc acquittée de sa tâche dans des conditions particulièrement brillantes.

Non seulement les superficies cultivées ont gagné en étendue, mais aussi les récoltes ont suivi une progression analogue. La terre inculte a pris de la valeur et les produits du sol ont vu monter leurs prix.

Le cours moyen du riz a presque doublé en 25 ans. Les 100 kilos valaient :

En 1900	5$24
En 1910	6 24
En 1921	8 60
En 1925	9 50
En 1926	10 20

C'est dans des proportions plus considérables encore, que le prix des terres a augmenté au cours de ces dernières années, dans l'Est et dans l'Ouest. Pour s'en convaincre, il suffit de rapprocher les barêmes établis par les Caisses de crédit agricole à différentes époques. Alors qu'en 1918, les plus belles rizières de Soctrang étaient évaluées à 200 $ l'hectare, et en 1924 celles de Bentré et Cântho à 400 $, en 1926 les barêmes établis par Cholon et Tânan indiquent, pour cette même catégorie, des prix variant entre 600 et 800 $. Ajoutons d'ailleurs que les conseils d'administration des Caisses de crédit, dont les barêmes remontent à plus de deux ans, sont unanimes à demander la revision de ces documents.

L'élan est donné, la colonisation agricole gagne et se développe, les campagnes s'ouvrent peu à peu au grand commerce et à l'industrie ; l'Administration, aujourd'hui, n'a peut-être plus tant à pousser à la mise en valeur, qu'à réfréner, à modérer un élan généreux, à réglementer et à prévoir.

Les grands groupements financiers se sont assuré déjà des intérêts considérables ; nous devons veiller de plus près sur les petits et les moyens colons, et développer pour eux les institutions de crédit et d'épargne. Le Cadastre n'est pas encore achevé, non plus d'ailleurs que l'exécution des grands programmes de Travaux Publics, de routes, de chemins de fer, de canaux, d'assainissement, de drainage. Les services économiques, comme ceux de l'agriculture, des forêts, de l'élevage n'ont pu atteindre encore leur plein rendement.

Mais l'évolution est en bonne voie. Forts de l'expérience acquise, nous pourrons demain, toujours en collaboration avec l'élément annamite, dans le domaine économique comme dans celui des œuvres sociales, multiplier nos initiatives, développer l'œuvre déjà réalisée et qui s'est poursuivie en 1927. Nous allons examiner comment.

Régime foncier — Grande et petite colonisation. — La prospérité de la Colonie, inspirant confiance aux capitaux français, a provoqué de la part des grosses sociétés qui s'intéressent à l'hévéaculture ou à la riziculture, d'importantes demandes d'aliénation de terrains domaniaux. De nombreuses demandes ont été faites également par la moyenne et la petite colonisation. A l'heure actuelle, on peut compter plus de 20.000 demandes de concessions en instance.

Vous savez tous, Messieurs, qu'à la suite du Décret du 26 mars 1927, tout ce mouvement de colonisation aurait été arrêté, si je n'avais prescrit aux Chefs de province de continuer l'instruction des affaires en instance. La Commission d'enquête a pu se rendre compte de la vraie situation, qui n'était pas de nature à justifier les craintes de la Métropole. Sur son intervention, un Décret du 5 juillet 1927 a rétabli l'état de choses antérieur, sauf en ce qui concerne les superficies de plus de 2.000 hectares, qui ne pourront être accordées que par décret, en attendant une réglementation définitive.

Qu'il me suffise de dire, pour rassurer ceux qui parlent d'accaparement dans l'Ouest, que sur 945.386 hectares de terrains à rizière,

dont les demandes étaient en instance au 31 mars 1927, 726.855 étaient demandés par des indigènes, les demandes des Français ne s'élevant qu'à 218.531 hectares.

La situation n'est pas la même dans l'Est où l'hévéaculture exige de gros capitaux. De puissantes sociétés se sont organisées qui donneront à la production du caoutchouc un essor tel que la Cochinchine pourra, dans quelques années, suffire aux besoins de la Métropole.

Dans l'Hinterland moï de la province de Bienhoà, tout en livrant à la colonisation de vastes superficies de terres rouges d'une grande fertilité, l'Administration a pris des mesures pour la protection des collectivités autochtones. C'est ainsi qu'une superficie de 50.000 hectares a pu être ouverte à la colonisation, à compter du 1er février 1927, tout en maintenant aux populations moïs une réserve de 22.700 hectares. Cette mesure assurera à ces indigènes l'espace nécessaire aux rotations des rays. Ainsi l'arrivée de colons n'entraînera pas le départ des tribus susceptibles de fournir aux plantations une main-d'œuvre précieuse.

Les 50.000 hectares ouverts à la colonisation seront lotis, après achèvement des travaux confiés à un géomètre civil. Les lots à délimiter seront distribués de manière à suivre autant que possible les détails de la configuration du terrain.

Une nouvelle superficie de 30.000 hectares pourra être ouverte, lorsque notre Administration sera mieux assise dans le pays et que la pénétration pacifique aura été complétée par le transfert à la Nui-Bara de la Délégation de Phuriêng. Ce sera chose faite d'ici peu, les travaux de la route locale No 1 étant poussés aussi activement que le permettent nos ressources en argent et en main-d'œuvre.

Mon Administration, je l'ai déjà dit, entend que l'extension des grandes concessions ne soit en rien préjudiciable au petit cultivateur indigène de l'Est ou de l'Ouest, dont l'unique ambition est souvent, après une vie de labeur, de posséder quelques hectares en toute propriété.

Je porte le plus grand intérêt à cette masse laborieuse de la population, et nous nous occupons activement de trouver les moyens de la fixer au sol. C'est ainsi que ma Circulaire du 31 janvier 1927 réserve pour la petite colonisation annamite le cinquième des terres cultivables disponibles des villages. Par Circulaire du 13 juillet 1927, j'ai prescrit des lotissements de 5 à 10 hectares, destinés à être vendus aux enchères publiques, sous la réserve qu'une même personne ne pourra acquérir qu'un seul lot et qu'elle ne pourra l'aliéner avant un délai de 10 ans. Des lots de 10 hectares sont déjà consentis aux anciens combattants, je suis disposé à étendre la même mesure à tous les anciens militaires indigènes ayant accompli deux années de service en dehors de l'Indochine.

Mais il ne suffirait pas de permettre aux petits agriculteurs d'acquérir un lopin de terre, si nous n'arrivions pas à les libérer des accapareurs et des usuriers, et de cette servitude si dure que certains grands propriétaires fonciers font peser sur leurs « Ta-diên ». J'envisage pour cela des locations-ventes d'une durée de 10 ans, au terme desquels pourrait intervenir, suivant le cas, une cession définitive ou un renouvellement du bail.

Syndicats et caisses de crédits agricoles. — La mise en valeur rapide des régions du Centre et de l'Ouest est puissamment aidée par les Caisses de Crédit agricole dont l'action bienfaisante ne cesse de s'affirmer.

Ces organismes qui comptent déjà 7.000 adhérents et qui fonctionnent dans 17 provinces ont, au cours de l'année écoulée, consenti des prêts pour plus de 5 millions de piastres. Leur développement rapide est la meilleure preuve des services qu'ils rendent à la population des campagnes. Cependant, des reproches ont été adressés à l'organisation actuelle. Il est certain que ce sont surtout les grands et les moyens propriétaires qui ont jusqu'ici bénéficié des prêts agricoles. Et cela autorise à dire que le but poursuivi n'a pas encore été entièrement atteint.

Mais pour l'atteindre, ne fallait-il pas prendre le chemin qui y conduit ? Il ne faut pas oublier que ce sont les gens les plus instruits, c'est-à-dire, bien souvent, les propriétaires aisés, qui ont le mieux compris les avantages du Crédit agricole. Ils ont, les premiers, adhéré aux statuts des sociétés créées. C'est à leur exemple que, peu à peu, les campagnards craintifs et ignorants sont venus à ces institutions, et en ont essayé le fonctionnement. Aussi le nombre des prêts de petite importance ne cesse-t-il de croître.

Quoiqu'il en soit, il est devenu nécessaire d'intensifier l'action du Crédit, en appelant à en bénéficier, dans une mesure sans cesse plus considérable, les petits cultivateurs, les plus nombreux et les plus intéressants. Aussi mon Administration s'est-elle préoccupée de faire évoluer le système actuel. La création récente d'institutions foncières de crédit permet aux grands propriétaires de trouver les capitaux dont ils ont besoin, dans des conditions souvent aussi avantageuses que celles des Caisses de Crédit. Ce ne sont plus guère désormais que les moyens et petits emprunteurs qui ont besoin de ces Caisses. Aussi l'institution de petits prêts, dont la réalisation peut être obtenue rapidement, a-t-elle donné d'heureux résultats. La progression rapide de cette forme de crédit, qui a nécessité une ouverture de crédit de 600.000 $, en est la plus claire démonstration.

Mais cette mesure m'a paru devoir être complétée par d'autres, qui sont déjà réalisées ou vont l'être prochainement.

Il fallait tout d'abord ouvrir plus largement l'accès des Caisses de Crédit aux petits agriculteurs, et, sur ma proposition, un Arrêté, signé par M. le Gouverneur Général le 8 mars dernier, a décidé que tout agriculteur, homme ou femme, qui cultive un hectare de terre, peut adhérer à la Caisse de Crédit de sa province.

Cette réforme sera, je l'espère, suivie bientôt par une autre plus importante encore, actuellement soumise à l'approbation de M. le Gouverneur Général.

Elle permettra, si toutefois le Gouvernement reçoit, dans sa tentative généreuse, l'appui de tous ceux qui s'intéressent à l'avenir de ce pays, l'accession à la propriété de milliers de petits cultivateurs. L'obligation de fournir un gage foncier écarte du bénéfice des prêts les indigènes qui ne sont pas propriétaires à titre définitif. Concessionnaires provisoires et petits occupants de fait ne peuvent obtenir les prêts dont, bien souvent, ils ont besoin pour régulariser leur situation. Cette catégorie, cependant, est de beaucoup la plus intéressante, car elle comprend les indigènes de situation modeste, en voie d'accession à la propriété d'une terre qui a été mise en valeur par leur seul effort. Le Crédit agricole se doit de leur favoriser cette évolution dont il convient de souligner toute la portée sociale.

En Cochinchine, la grande et la moyenne propriété dominent, jusqu'à ce jour, surtout dans les régions neuves, parceque le petit exploitant est invariablement spolié par le détenteur de capitaux, à qui il est obligé, un jour ou l'autre, d'emprunter. Certes, le non-propriétaire peut toujours recourir au prêt sur récolte, tel qu'il a été prévu par l'Arrêté de 1876, mais le terme trop court qui lui est imposé rend peu appréciable pour lui cet appui, qu'il ne peut d'ailleurs obtenir qu'après avoir accompli de multiples formalités et donné la garantie des notables du village.

Le projet soumis à l'approbation du Gouverneur Général a pour but principal de venir en aide à ces petits cultivateurs ; il autorise les Caisses de Crédit à prêter jusqu'à 2.000 $, sur simple délégation des droits éventuels du concessionnaire provisoire ou de l'occupant. La réalité de l'occupation et la mise en valeur seront certifiées par la Section régionale de prêts. En cas de défaillance de l'emprunteur, la Société de crédit lui sera substituée dans l'exercice de ses droits ; à cet effet, il est expressément dérogé aux dispositions de la réglementation locale actuelle, qui interdit de constituer des sûretés réelles sur les terres données en concession provisoire.

Mais ces dispositions ne pourront évidemment s'appliquer qu'à ceux qui auront déjà réalisé une mise en valeur partielle de leurs terres. Il serait bon également d'envisager la possibilité d'accorder du crédit sur simple garantie personnelle pour les premiers travaux à effectuer sur une terre. C'est ce but auquel je désire atteindre. Un premier essai est tenté, je le suivrai avec la plus grande attention, afin de fixer les règles qui permettront d'aider les plus pauvres à accéder à la propriété.

Ainsi sera accomplie une œuvre d'humanité et de prudence sociale.

C'est grâce à la caution donnée par la Colonie de Cochinchine, en vertu de l'Arrêté de 1876, que les Sociétés de Crédit agricole ont pu se créer et se développer, mais il est certain qu'il nous faudra bientôt envisager l'époque où la Colonie fixera une limite aux engagements qu'elle assume.

Dans un avenir peu éloigné certainement, il sera nécessaire de préparer la création d'une Caisse ou Banque centrale de Crédit agricole, dotée d'un capital propre et à laquelle seraient affiliées toutes les Caisses provinciales.

Cet organe central aurait pour mission de fournir aux Sociétés provinciales de Crédit agricole les fonds nécessaires à leurs opérations. Cette Banque, créée par les Sociétés de Crédit elles-mêmes, aidée par la Colonie et la Banque d'Emission, aura pour rôle de réaliser l'union de toutes les Sociétés et de leur servir de guide et de conseil.

Le jour où sera réalisé cet organisme, qui assumera les responsabilités et les charges incombant aujourd'hui à l'Administration, le contrôle et la tutelle de cette dernière deviendront moins étroits, et une liberté d'action plus grande, dans les limites cependant des statuts, pourra être donnée aux Sociétés de Crédit agricole.

Cadastre. — Je n'aurais pas examiné complètement, Messieurs le problème foncier, si je ne vous donnais un aperçu des difficultés rencontrées par le personnel du Cadastre dans la rude mission qui lui échoit au service de la colonisation.

Durant l'année écoulée, le service du Cadastre et de la Topographie a poursuivi l'exécution des travaux de bornages généraux et de lotissement qui étaient commencés dans les différentes provinces. De plus, à Gocong et à Cholon, les documents cadastraux ont été mis à jour, en vue de doter les nouveaux bureaux de la Conservation foncière, de données présentant toutes garanties d'exactitude.

Mais c'est surtout sur la région de Camau qu'ont porté nos efforts. Les travaux neufs à exécuter dans la délégation de Camau s'étendent, en effet, sur une superficie de 300.000 hectares qui se répartissent en 10 villages. L'œuvre à entreprendre dans cet Extrême-Ouest, si riche d'avenir, est de toute première nécessité, mais aussi très pénible.

Les résultats escomptés pour cette année, sont loin d'avoir été atteints. Les difficultés de toutes sortes de la région, un personnel jeune, encore peu entraîné à ce genre de travaux et chez lequel se sont produites des défections assez nombreuses, sont les causes de ce rendement déficitaire. Des départs en congé et l'insuffisance de personnel menacent d'aggraver la situation. Ce ne serait plus trois ans qu'il faudrait prévoir pour le bornage des terres de la région, mais le double, ou peut-être même davantage.

Les demandes d'aliénation des terres domaniales ne peuvent attendre une période aussi longue. C'est pourquoi, je n'ai pas hésité, comme nous l'avons déjà fait dans la région de Phuriêng, à envisager l'utilisation de l'entreprise privée pour terminer dans un minimum de temps un travail énorme, indispensable au développement de la colonisation et des ressources de notre budget. Des études sont poursuivies pour spécialiser le service du Cadastre dans les travaux de triangulation d'un côté, et de vérification de l'autre, le lever des détails étant confié à des entreprises privées présentant toutes garanties désirables.

L'exécution de ce programme permettra de résoudre rapidement, on peut l'espérer, l'important problème de la cession des terres domaniales, intimement lié à l'essor de la Colonie.

Travaux Publics. — Mais cet essor économique, Messieurs, n'est pas uniquement fonction du régime foncier, car il ne servirait à rien de disposer d'immenses étendues vacantes et de pouvoir doter le colon de titres certains de propriété, si les terres à mettre en valeur demeuraient inaccessibles. La colonisation suit le rail ou la route, bien plus souvent qu'elle ne les entraîne après elle.

Routes. — Travaux neufs.

Construire de nouvelles routes, améliorer les anciennes, ouvrir des canaux, c'est augmenter les possibilités d'action de nos planteurs. L'effort considérable poursuivi en 1927 pour le développement du réseau routier sera encore accrû cette année.

Comme améliorations, le programme de travaux prévoit l'asphaltage de certaines sections de routes, le remplacement d'un certain nombre d'ouvrages d'art provisoires par des ponts définitifs, l'élargissement des chaussées, les déviations locales de passages dangereux ou établis dans de trop mauvaises conditions.

Les principales constructions envisagées sont les suivantes :

Achèvement des ouvrages d'art de la section de la route locale N° 8, entre Sadec et Rachgia, et empierrement de la nouvelle plate-forme entre Longxuyen et Rachgia ;

Achèvement de la route de Bentre à Mocay ;

Achèvement des ouvrages d'art et cylindrage de la route coloniale N° 16 dans sa dernière lacune de Hoa-binh à Lobe ;

Achèvement de la route locale N° 1 entre la Nui-Bara et Budop ;

Achèvement de la route locale N° 13 entre la route locale N° 1 et Soairieng, et continuation des travaux en direction de Toulane-Djiring ;

Continuation de la route locale N° 14 au-delà de la route locale N° 13 vers le Nord (Mimot) ;

Construction de la route de Honquan à Mimot ;

Construction de la route de Bandôn à Bencui ;

Continuation des travaux de la route coloniale N° 20 jusqu'à la frontière de l'Annam, en direction de Djiring ;

Parachèvement et empierrement de la route coloniale N° 22 de Tayninh vers le Cambodge.

Le développement du réseau des voies de communication est donc poursuivi méthodiquement. Au 31 décembre 1925, l'ensemble du réseau routier de la Cochinchine atteignait la longueur respectable de 7.000 km. ; ce chiffre est largement dépassé à la suite des extensions réalisées dans le courant de 1926 ; au 31 décembre de cette année, en effet, les routes entretenues par la Circonscription territoriale et les provinces de Cochinchine représentaient 7.360 km. Ce chiffre se décompose de la façon suivante :

Routes empierrées	4.425 km.
— non empierrées	352 —
— en construction	436 —
— en projet	637 —
Pistes utilisables une partie de l'année	1.510 —
Total	7.360 km.

Travaux d'entretien

Les frais d'entretien des routes, bâtiments et voies navigables, dont les dépenses s'élèvent à 1.638.723 $ dans le projet de budget qui vous est soumis, sont en augmentation de 230.000 $ environ sur le chiffre correspondant du budget en cours. Cette augmentation porte principalement sur les routes locales et les routes coloniales.

Je n'ai pas besoin, Messieurs, d'insister sur la nécessité d'augmenter les dotations d'entretien des routes, par suite de l'accroissement rapide de la circulation, dont la progression a été de 55 % de 1923 à 1926 sur les routes coloniales de Cochinchine, et de 15 % sur l'ensemble des routes locales. Cette augmentation du mouvement a eu pour résultat immédiat d'entraîner une usure rapide des chaussées.

Le Service des Travaux Publics a fait son possible pour maintenir le réseau en bon état de viabilité. Malgré tout, la route coloniale N° 16 de Saigon à Camau a eu à souffrir des insuffisances de crédits alloués pour son entretien, les années précédentes. Un gros effort doit être fait pour remettre en état cette voie importante ; la réfection de la chaussée pourra être achevée en 1928.

Le trafic de plus en plus important et l'augmentation de plus en plus grande de la circulation automobile sur les routes de Cochinchine nous obligent aussi à moderniser les méthodes d'entretien.

C'est ainsi qu'il a été prévu pour 1928 l'industrialisation des fournitures et des transports de cailloutis, et l'asphaltage des chaussées dans les sections où la circulation est très importante.

Des essais d'asphaltage ont été faits en 1927 sur la route coloniale N° 1, sur 15 km. au-delà de Giadinh. et à la sortie de Saigon, côté Pnom-Penh. Les résultats ont été des plus satisfaisants et sont assez concluants pour que l'on puisse adopter l'asphaltage comme mode général d'entretien. L'extension de cette nouvelle méthode obligera notre budget à consentir une première mise de fonds pour constituer le capital de premier établissement ; mais ces sacrifices seront récupérés dans l'avenir par une durée plus grande des chaussées, une circulation plus facile et meilleure, entraînant pour les usagers des économies importantes du matériel automobile et une moindre consommation d'essence.

Le plan de campagne de 1928 porte en détail les sections de routes à asphalter.

Hydraulique agricole

La mise en valeur de la Colonie ne se poursuit pas seulement par la construction de routes, mais parallèlement par le creusement de voies navigables, servant aussi à l'irrigation.

Le cube extrait pendant l'année 1926 et jusqu'au 20 avril 1927, au compte du Budget Local de la Cochinchine, avec participation du Budget Général, s'est élevé à 4.256.789 mètres cubes.

Pour le compte du Budget Local, les travaux exécutés au cours de l'année 1926 ont été les suivants :

Amélioration du canal Song-Trem au Canh-Den ;

Creusement du Canal Saintenoy au Cailon ;

Creusement du Canal Cailon au Song-Trem ;

Creusement de la coupure de Cai-san-Lon ;

actuellement, sont en cours d'exécution le creusement du canal Rach-gia-Hatien et celui du canal de Triton.

Pour le compte des Budgets provinciaux, ont été terminés :

Le creusement du canal Barinh ;

L'amélioration du canal Trabang ;

Le creusement du canal Giarai-Ganh-hao ;

Le creusement du canal Song-ong-doc au Rach Dong-cung et de plus, le creusement du canal de Tracu-thuong est en cours d'exécution.

Les travaux de dragages, qui se poursuivent en Cochinchine depuis 1921 n'ont souffert, en 1927, d'aucun arrêt, malgré l'expiration du contrat passé avec la Société française d'Entreprises de Dragages et de Travaux Publics.

Un appel d'offres a eu lieu le 31 mai dernier pour la continuation des dragages en Cochinchine pendant les huit années allant de 1928 à 1935 inclus ; les résultats actuellement soumis à l'examen de l'autorité supérieure devront être approuvés par décret.

Le programme de dragages prévu pour la période 1928-1935 ne comporte que les travaux neufs nécessaires à la mise en valeur des parties incultes ou difficilement cultivables du delta cochinchinois. Il n'est pas possible, en effet, de soumettre un programme complet et rationnel d'entretien des voies existantes ; le curage d'un canal ne peut être prévu pour une date fixe, seule l'opportunité est de règle.

Ce programme, qui ne nécessitera pas un effort financier inférieur à 8.900.000$, porte à la fois sur la plaine des Joncs et sur le Transbassac. Il vise à ouvrir à la colonisation l'immense plaine des Joncs et le triangle Rachgia-Triton-Hatien, dont la surface est d'environ 200.000 hectares de terres neuves.

Les principaux travaux inscrits au programme sont les suivants :

Dans la Plaine des Joncs :

Canal du Vaïco Occidental au Vaïco Oriental ;
Canal du Tong-doc-Loc au canal Lagrange.

Dans le Transbassac :

Pour l'aménagement de la Plaine Rachgia-Triton-Hatien et pour la partie située au sud du Song Cailon :

Canal Rachgia-Hatien ;
Canal du canal Rachgia-Hatien au canal d'Hatien ;
Canal du Song-Trem au Song Cailon ;
Canal du Song-Trem au Song-ong-doc ;
Canal du Song-Trem au Song Caitau ;
Canal du Song Bai-hap au Song Cualon.

Telles sont les grandes lignes du programme proposé, qui est complété par un canal de communication qui permettra de créer une gare d'eau à Bencat, en reliant par voie d'eau ce centre important de transports à Saigon. La longueur des canaux qui seraient ainsi exécutés atteindrait 415 km.

Ce programme, d'ailleurs, a déjà reçu, au cours de 1927, un commencement d'exécution, au moins pour la Plaine Rachgia-Triton-Hatien, et les crédits inscrits au projet de budget de 1928 pour les travaux d'Hydraulique agricole, qui, à 10.000 $ près, sont les mêmes qu'en 1927, en permettront la réalisation de la première tranche.

La mise en valeur des terres basses de Cochinchine intéresse au plus haut point le budget de la Colonie et les agriculteurs, par les plus-values rapides et importantes qu'elle comporte. Elle ne pourra être assurée entièrement que lorsque le réseau des canaux primaires aura été complété par le creusement de canaux secondaires et de canaux tertiaires, et que l'assainissement et le drainage auront été étendus à toutes les terres. A ce moment, on pourra affirmer que la richesse de l'Ouest cochinchinois aura fait un nouveau bond ; elle sera doublée, si elle n'est pas triplée.

Pour arriver à ces résultats, les ressources des budgets ne sont pas suffisantes ; il s'agit, du reste, d'une œuvre agricole essentiellement privée à laquelle doivent participer les intéressés. Peut-être pourrait-on envisager un groupement des efforts particuliers par la constitution de Syndicats de propriétaires et de colons pour le creusement des canaux tertiaires.

Ces Syndicats seraient autorisés à percevoir diverses taxes, auxquelles viendraient s'ajouter des subventions du Gouvernement et des Communes. Des emprunts pourraient aussi être contractés aux Caisses de Crédit agricole.

Eaux et assainissement

Le problème des eaux est, en Cochinchine, un de ceux dont la solution, trop longtemps retardée, est des plus urgentes. Des études sont poursuivies qui intéressent l'ensemble du pays.

Les études définitives d'adduction des eaux du Song-Bé pour l'agglomération Saigon-Cholon ont été commencées le 1er février dernier, à la suite de l'approbation de l'avant-projet par M. le Gouverneur Général le 28 décembre 1926. Les dispositions premières ont été modifiées à la demande de M. l'Inspecteur général des Travaux Publics, et la question de l'irrigation d'une zone de 34.000 hectares de terres sur le plateau Est de Thudaumot a été disjointe. Il sera ainsi réalisé des économies importantes sur les prévisions initiales.

Le projet complet sera fort probablement présenté dans le courant du 1er semestre 1928. D'autre part, une grande entreprise privée poursuit, à ses frais, des études parallèles qui seront prêtes en même temps. Entre les deux projets, il y aura lieu de choisir. A ce moment, il faudra que tous les organismes intéressés : Gouvernement Général, Gouvernement local, Municipalités de Saigon et Cholon s'entendent sur leur participation aux dépenses de premier établissement, et l'on pourra passer à l'exécution fort probablement au cours de l'année 1929.

C'est en septembre dernier qu'ont été terminés les travaux de la station de Govap, et que douze puits ont été mis en service, fournissant un appoint journalier de 14.000 à 7.000 mètres cubes, selon la saison. Les résultats d'une exploitation qui ne tardera pas à entrer dans sa deuxième année, prouvent, dès maintenant, que la solution du problème de l'alimentation en eau potable d'une agglomération importante comme Saigon-Cholon ne saurait être recherchée dans la création de stations de pompage multiples, dont l'entretien est onéreux et le rendement insuffisant pendant la période la plus critique de l'année.

A côté de Saigon, l'alimentation en eau de la ville du Cap Saint-Jacques est nettement insuffisante. Une commission a été chargée d'étudier les moyens d'améliorer cette situation. Un puits d'essai a été foncé ; l'eau rencontrée est de bonne qualité, mais contient du sable en suspension et nécessitera une filtration.

Le projet d'adduction des eaux à Rachgia est en voie d'exécution. A l'heure actuelle, les ouvrages d'art : prise en rivière, station filtrante et réservoir d'altitude sont sur le point d'être terminés. La fourniture des canalisations sera réalisée dans le courant d'octobre prochain et la pose des conduites sera entreprise et poussée le plus rapidement possible, afin de doter en eau potable le centre de Rachgia pour la saison sèche de 1928. La dépense sera approximativement de 75.000 $.

Des avant-projets, enfin, ont été dressés en vue de l'adduction d'eau potable dans les provinces de Travinh, Bentré et de la Basse-Cochinchine : Soctrang-Baclieu. Pour la Basse-Cochinchine, le projet comporte l'établissement d'un réseau de canaux, entre l'ouvrage de prise sur le Bassac et les différents centres à alimenter Soctrang, Baclieu, Camau. Mais en attendant la réalisation de ces programmes, qui exigent des ressources importantes et un délai d'exécution assez long, il a été prévu la création de citernes, de réservoirs d'eau douce, dont plusieurs seront établis cette année même, et des ravitaillements par chalands dans les régions les plus déshéritées.

Port de Commerce

Je ne terminerai pas ce chapitre réservé aux Travaux Publics sans dire au moins un mot de l'œuvre accomplie par le Port de Commerce. L'effort a tendu à améliorer la circulation dans le port, à mettre à la disposition de ses usagers de nouveaux hangars et terre-pleins ; la rue Jean Eudel a été élargie, de nouvelles voies ont été exécutées, les travaux de construction d'un pont à travées levantes ont été commencés pour la traversée du canal de Dérivation ; enfin, des grues métalliques et des voies Decauville pourront être mises à la disposition du public à la fin de la présente année.

Toutes ces améliorations viendront heureusement compléter l'organisation et l'outillage d'un port, dont l'importance égale déjà celle du port de Bordeaux, et appelé du fait de la richesse croissante de la Cochinchine au plus bel avenir.

Services Agricoles. — Je vous rappelais, tout à l'heure, Messieurs, que le chiffre des superficies cultivées en Cochinchine avait triplé en 44 ans, passant de 675.000 ha. en 1883, à 1.900.000 ha. en 1926. L'exportation du riz, le principal produit de notre agriculture, a suivi une courbe encore plus rapidement ascendante ; de 330.000 tonnes, en moyenne, pendant la période décennale 1874-1883, elle atteignait 1.200.000 tonnes de 1914 à 1923 et 1.300.000 tonnes pour les trois dernières années. Il en est résulté un enrichissement certain du pays, surtout si l'on tient compte de l'élévation des cours, 100 kilogrammes de riz valant, en effet, à l'heure actuelle, à Cholon, 10 $ 50 en moyenne.

Développement intensif de l'agriculture, perfectionnement des procédés de culture, amélioration de nos riz par la sélection et la standardisation, telle a été la politique agricole du Gouvernement.

Des problèmes nombreux posés devant nous, le plus important est, sans conteste, celui de la sélection des paddys et de la standardisation de la récolte, dont dépendent le rendement de nos rizières et la qualité de nos grains. Le triage de la récolte par des appareils mécaniques est une première étape vers la standardisation, et les résultats des concours rizicoles ont démontré l'amélioration constante de nos riz qui prennent peu à peu sur le marché mondial la place qui leur revient. Des cultures plus soignées sur des rizières mieux aménagées donnent une production d'une homogénéité croissante ; les beaux lots sont déjà recherchés avec une plus-value encore légère, il est vrai, mais le progrès est en route.

Les deux usines de triage de Mytho et surtout de Cantho voient leur clientèle augmenter. Elles ont trié cette année près de 8.000 ha. de semences et les 44 trieurs Marot, mis à la disposition des riziculteurs, contribuent, pour une bonne part, à la vulgarisation des semences sélectionnées.

Les Services agricoles se sont attachés aussi à la sélection des plants, indispensable à l'homogénéité de la récolte. L'ensemble des stations a produit, en 1927, 190 tonnes de semences, soit 40 tonnes de plus que l'an dernier.

De son côté, le Laboratoire de génétique, tout en continuant ses expériences d'hybridation, offre aux riziculteurs des semences de tout premier ordre.

Les concours de paddys, dont il faut reconnaître l'utile rôle de propagande, semblent avoir, dans certaines provinces, perdu de leur succès d'autrefois. Cela tient à l'indifférence des riches propriétaires que les récompenses en argent n'intéressent pas ; aussi, ai-je décidé d'accorder, dans la mesure du possible, des distinctions honorifiques aux riziculteurs qui collaborent par des efforts de plus en plus remarquables à l'amélioration de la production de leurs terres.

La présentation sur le marché de beaux paddys en quantités suffisamment importantes pour être standardisés, est indispensable à la réhabilitation du riz de Saigon. Jusqu'ici, il n'avait pas été assez fait pour encourager les producteurs de stocks homogènes. Les stocks de beaux paddys, étant maintenant plus fréquents, quelques maisons françaises les achètent suivant leur qualité.

La riziculture n'a pas accaparé toute l'activité des Services agricoles. Les autres problèmes de l'agriculture européenne et indigène ont été étudiés. La station agricole de Bencat a continué l'étude des questions concernant l'hévéa, et recueilli une foule d'observations qui seront prochainement condensées dans un rapport où les planteurs pourront trouver un grand nombre de renseignements, notamment sur la greffe. La question des engrais verts, dont l'emploi est courant à Java, a été soigneusement étudiée sur 40 variétés de légumineuses, et des essais en grand de sept variétés intéressantes, effectués en terre rouge et en terre grise, avec la collaboration de quelques planteurs, nous fixeront bientôt sur leur réelle valeur.

En sériciculture, on peut constater avec satisfaction des progrès qui s'accentuent chaque jour. Grâce aux bureaux d'achats de nos stations séricicoles, les indigènes sont assurés de vendre leurs cocons à un prix rémunérateur que détermine un barême établi d'après la qualité du produit ; à Chaudoc, par exemple, la superficie complantée en mûriers passe de 300 hectares en 1925, à 370 en 1926. Les pontes sélectionnées distribuées gratuitement par les stations de grainage de Tânchâu et de Saigon sont passées de 970.000 à 1.335.000 et les boutures de mûriers de 1.300.000 à 1.400.000. Les achats de magnaneries sont compensés par le produit de la vente de cocons, de soie et de tissus.

Le Laboratoire de chimie continue à travailler à plein rendement et les planteurs font de plus en plus appel à lui pour l'analyse de leurs terres, engrais, minéraux, végétaux.

Service forestier. — Je signalais tout à l'heure, Messieurs, l'importance pour la Cochinchine du problème de l'eau. Un autre ne sollicite pas moins notre attention, c'est le problème du bois. L'extension de la colonisation dans l'Ouest a amené un déboisement exagéré de cette vaste région ; dans l'Est, la substitution de la forêt ordonnée de nos hévéas à la forêt profonde nuit au ravitaillement de nos industries et des centres en bois d'œuvre et en bois de chauffage. Une lourde tâche de surveillance et de prévoyance incombe du fait de ces circonstances au Service forestier. Tout le monde est d'accord aujourd'hui pour reconnaître l'utilité :

1° De conserver à la Cochinchine le domaine boisé estimé nécessaire au point de vue climatologique et hydrologique ;

2° De lui constituer un domaine réservé suffisant pour pouvoir fournir annuellement et régulièrement par son exploitation méthodique les différentes catégories de produits forestiers indispensables aux besoins du commerce local et de l'exportation.

Le Service forestier a continué à s'efforcer d'augmenter l'étendue du domaine réservé par la constitution de nouvelles réserves judicieusement choisies. Il a procédé en même temps à une révision générale des réserves existantes et proposé les suppressions ou rectifications de limites qui paraissaient s'imposer dans l'intérêt de la colonisation. C'est ainsi que cinq réserves nouvelles couvrant une étendue totale de 39.460 ha. ont été créées et que le déclassement de 23.016 ha. intéressant partiellement onze réserves et en totalité dix réserves anciennes, a été proposé. En tenant compte de ces déclassements projetés, le domaine actuellement réservé et considéré comme intangible, comporterait 169 réserves forestières couvrant une étendue totale de 549.420 hectares, soit une augmentation de 16.000 hectares, par rapport à l'exercice précédent. Ce domaine réservé est-il suffisant? Evidemment non. On s'accorde d'une façon générale à fixer au tiers de la superficie d'un pays l'étendue de forêts à maintenir dans le but d'éviter toute perturbation dans le régime des eaux et les conditions atmosphériques. Nous sommes donc loin de compte et une ère de larges réalisations reste encore ouverte au Service forestier.

Les forêts érigées en réserves domaniales ne doivent pas être soustraites à toute exploitation. Dans la mesure des moyens mis à sa disposition, le Service forestier poursuit l'aménagement de ses réserves et les livre à l'exploitation méthodique qui, seule, permet de tirer annuellement d'une forêt le revenu qu'elle est susceptible de donner, d'augmenter par des réalisations bien conduites le capital forestier et d'accroître par là-même son revenu.

Au cours de l'année écoulée, trois réserves couvrant une étendue totale de 3.549 ha. ont été aménagées en futaies. Le domaine réservé aménagé intéresse donc actuellement une superficie totale de 165.000 hectares, qui sont le siège de 130 coupes réglées. D'autres aménagements sont en cours d'étude.

Quels que soient les progrès réalisés dans la voie des aménagements, la plus grande partie des produits vérifiés en Cochinchine, proviennent encore des forêts ouvertes à la coupe libre ou des concessions. Le total des bois d'œuvre exploités au cours de l'année écoulée a été de 195.000 mètres cubes, soit une augmentation de 17.000 mètres cubes par rapport à l'année précédente. Cette augmentation provient, en grande partie, de l'exploitation plus intensive des « caicongs » très recherchés par l'industrie et dont la production est surtout assurée par les forêts de « Tram » de Camau et de Chaudoc. Le volume des bois de feu a atteint sensiblement le volume exploité au cours de l'exercice précédent : 868.000 stères environ. Sur ce total, 20.000 mètres cubes de bois d'œuvre et 235.000 stères de bois de feu seulement, proviennent des coupes méthodiques.

Les recettes forestières présentent une plus-value de 56.000 piastres environ sur l'exercice précédent et, arrêtées à la somme de 825.451 $, font ressortir, comparées avec les dépenses 395.654 $, un excédent de 429.797 $, qui constitue ce qu'on est convenu d'appeler le revenu des forêts de la Cochinchine au cours de l'année écoulée.

Mais étant donné la situation actuelle des forêts de ce pays, ce serait une erreur de rechercher exclusivement le critérium d'une bonne gestion forestière dans l'augmentation des recettes ; et de même, ce serait se méprendre sur le véritable rôle assigné à ce service, qui est celui de gérant du domaine boisé, que de prétendre mesurer son action au montant de ses recouvrements. Une bonne gestion doit toujours réserver l'avenir. Chacun sait que la propriété forestière présente une nature très caractéristique : la superficie forestière, constituée par les arbres des différents âges recouvrant le sol, comprend à la fois le capital d'exploitation et le revenu ; ces deux éléments, intimement mélangés et immédiatement mobilisables, se prêtent à des réalisations anticipées et sont susceptibles de tenter l'appétit de la génération présente. Or, le capital forestier, ruiné par des abus de jouissance, ne se reconstitue qu'avec une extrême lenteur, parfois même, comme le cas est fréquent en Cochinchine, il ne se reconstitue plus du tout. Ce capital cependant représente le patrimoine des générations futures et la génération présente ne saurait le dilapider. Si l'on veut faire œuvre réellement utile, il est urgent de ne plus se laisser hypnotiser par des considérations d'ordre purement fiscal et de prendre les mesures nécessaires pour assurer l'intégrité et la reconstitution d'un domaine déjà très appauvri.

Service Vétérinaire. — A la faveur d'une situation sanitaire aussi satisfaisante que possible, l'organisation du Service des Epizooties a été poursuivie au cours de 1926. Douze secteurs ou postes vétérinaires sont actuellement en bonne voie d'organisation pour leur permettre d'intervenir, de signaler dans le plus bref délai, l'apparition des épizooties et d'arrêter leur progression. Des instructions nouvelles plus précises donneront à ces secteurs une activité plus grande et un meilleur rendement.

En conformité d'un vœu émis en 1923 par votre Assemblée, un Arrêté du 13 décembre 1926 a réglé les conditions du Contrôle sanitaire à exercer sur l'importation, l'exportation ainsi que sur les échanges de bétail à l'intérieur de l'Indochine. Ce règlement, très libéral, spécifie que ces derniers échanges sont libres et francs de toutes taxes, mais il donne aux commerçants intéressés, de même qu'aux colons acheteurs, toutes les garanties sanitaires désirables, puisqu'il institue un contrôle sanitaire permanent de tous les mouvements du bétail.

L'exécution du contrat passé en 1925 entre l'Institut Pasteur de Paris et le Gouvernement général de l'Indochine met à la disposition de la colonie, en permanence, une provision de sérum antipestique suffisante pour parer aux premières approches de la peste bovine. Les postes vétérinaires des provinces en sont toujours pourvus de façon à pouvoir exercer, en cas de nécessité, une action médicale immédiate.

Des recherches et expériences actuellement en cours, paraissent devoir nous apporter une action thérapeutique efficace dans le traitement des trypanosomiases des grands animaux domestiques. Pour la première fois, l'emploi de certaines associations médicamenteuses a permis d'obtenir, dans les conditions du laboratoire, la guérison de plusieurs cas de *Surra* du cheval et du bœuf. Tout en prenant date pour ces résultats encourageants, les Services vétérinaires espèrent pouvoir publier bientôt des indications qui permettront de porter dans le domaine de la pratique le traitement de ces maladies qui causent un tort considérable à l'Agriculture et à l'Elevage.

Le contrôle exercé sur la production du bétail s'est manifesté jusqu'ici d'une façon toute particulière sur l'élevage du cheval. Cet élevage, qui intéresse près de 700 éleveurs indigènes et quelques Européens, s'est développé d'une façon aussi remarquable qu'imprévue dans les environs de Saigon, grâce à une coopération éclairée de l'Administration, représentée par le Service des Haras, et des propriétaires éleveurs. Considérés au point de vue purement zootechnique, les résultats dépassent les meilleures prévisions. Au point de vue économique, le Service des Haras met entre les mains des propriétaires éleveurs un nombre croissant d'animaux de grande valeur, de telle sorte qu'à l'heure actuelle cet élevage, considéré comme exclusivement somptuaire, est une source de richesse réelle pour les éleveurs indigènes.

La coopération de l'Administration et des éleveurs, en ce qui concerne l'élevage des bovidés, est plus récente et beaucoup plus difficile à réaliser. Elle n'a pas porté tous ses fruits, néanmoins, la tâche se poursuit ; elle va recevoir une impulsion et des directives nouvelles : la natalité européenne et indigène s'accroît dans les villes de Saigon et Cholon de telle sorte que le problème de la « production du lait frais, sain et propre » devient chaque jour plus important. Le Service vétérinaire vient de mettre à l'étude cette question qui consiste à rechercher les moyens de fournir, dans les conditions économiques satisfaisantes à nos grands centres, trois à quatre cents litres de lait par jour, avec toutes les garanties sanitaires désirables.

Enfin, la mise en régie de l'exploitation de nos grands abattoirs et des marchés a permis au Service sanitaire vétérinaire d'exercer sur ces établissements un contrôle chaque jour plus précis, qui garantit la salubrité des produits alimentaires et des denrées livrées à la consommation.

Ainsi est assurée la coopération des Services sanitaires vétérinaires avec les Services sanitaires médicaux, pour le plus grand bien de l'hygiène publique.

III. — Situation financière

Messieurs, je viens de vous esquisser à grands traits la marche des principaux services durant l'année écoulée, il me reste à vous dire quels sont les moyens financiers envisagés au cours du prochain exercice pour permettre la poursuite de notre œuvre d'Assistance, d'Enseignement et de Mise en valeur.

Le Budget Local qui va vous être soumis a été établi cette année avec la double préoccupation, d'abord de doter les œuvres d'Enseignement, d'Assistance et les Travaux Publics de tous les crédits nécessaires au progrès social de la Colonie et à son développement économique, ensuite, conformément aux intentions manifestées lors de sa dernière session par votre Assemblée, de ne surcharger les contribuables d'aucun impôt nouveau.

Un tel résultat ne pouvait être obtenu que par une revision sévère des demandes formulées par les Services. Il semblait d'autant plus difficile à atteindre que le Budget Local va se trouver dans l'obligation de faire face à des dépenses nouvelles, résultant notamment de la mise à sa charge de la subvention pour l'exploitation des Services postaux, des dépenses d'entretien et de fonctionnement de l'Hôpital Grall et du relèvement des soldes et avantages divers concédés aux fonctionnaires européens et indigènes.

L'Administration locale a pu y parvenir, en procédant à une ventilation des recettes et des dépenses entre le Budget Local, devenu trop pauvre, et les Budgets provinciaux et communaux demeurés plus riches. Cette mesure avait été préconisée déjà par nombre de bons esprits, et notamment par l'Inspection des Colonies. Elle avait même été inscrite dans le Code de l'Instruction Publique qui prévoit la mise à la charge des Budgets provinciaux des dépenses de l'enseignement primaire de plein exercice. Nous ne faisons donc, au point de vue de ces dernières dépenses, que rentrer dans la norme. Il apparaît tout aussi légitime de faire supporter par les provinces les dépenses de personnel indigène des Bureaux, des Travaux publics, du Trésor, de l'Assistance médicale. Au surplus, le concept de la séparation idéale des Budgets local, régionaux et communaux est pratiquement impossible à sauvegarder. Sans porter atteinte à des institutions auxquelles des ressources propres importantes doivent être consacrées pour leur permettre de prospérer, une collaboration effective des autres Budgets à certaines dépenses du Budget Local peut être envisagée. L'essentiel est que, sous le prétexte du respect du principe rigoureux de la séparation des Budgets, le contribuable ne soit pas surchargé d'impôts nouveaux pour parer au déficit d'un de ces Budgets, alors que les autres demeurent pléthoriques et présentent des ressources inutilisées. Depuis longtemps d'ailleurs la règle de l'intangibilité des budgets n'est plus observée ; c'est ainsi que le principe d'une subvention du Budget général a été admis en faveur du Budget local ; une mesure analogue, sous forme de participation à ce Budget, peut donc être imposée aux Budgets provinciaux. C'est sur ces bases qu'a été établi le Budget de 1928.

J'ai, avant toute chose, voulu en toute bonne foi tenter, avec votre concours, une expérience de meilleure répartition, entre les divers budgets, des charges qui leur incombent. Un tel Budget, Messieurs, n'est pas un Budget triomphant, c'est un Budget d'étude et d'attente. J'ai pensé qu'un temps d'arrêt était désirable avant de reprendre, pour faire face aux dépenses sans cesse croissantes du Budget Local, mais que nécessite le développement de la Colonie elle-même, une course nouvelle aux impôts.

Le Budget Local de 1926 s'est élevé en recettes à.	17.837.710 $	43
et en dépenses à...........................	16.989.581	42
laissant un reliquat de........................	848.192	04

dont 520.929 $ 35 de plus-value de recettes sur les prévisions budgétaires et 327.199 $ 69 de crédits restés sans emploi.

Une somme de 848.129 $ 04 a donc été ainsi versée à la Caisse de Réserve. Sur l'avoir actuel de cette Caisse, il sera prélevé, pour équilibrer le Budget de 1928, 827.697 $. En fait, malgré ce prélèvement, la Caisse de Réserve, il convient de le signaler, bénéficiera d'un léger reliquat, affirmation du désir du Gouvernement, conforme à celui des Corps élus, d'améliorer, quelles que soient les circonstances, la situation de notre Caisse de Réserve.

Dans leur ensemble, les ressources ordinaires du Budget de 1928, devant faire face aux dépenses ordinaires, se répartissent de la façon suivante :

1° Recettes basées sur les droits et produits dont la perception est autorisée en 1927	13.274.711$00
2° Prélèvement ordinaire sur la Caisse de Réserve	827.697 00
3° Subvention globale du Budget général	3.602.000 00
4° Parts contributives ou remboursements par d'autres budgets	1.751.667 00
Total	19.456.075$00

Budget extraordinaire.

Prélèvement extraordinaire sur la Caisse de Réserve	15.000$00
Total général	19.471.075$00

Si on compare les recettes, provenant des droits et produits dont la perception sera autorisée en 1928 avec celles de 1927, on obtient les résultats suivants :

Plus-values

Impôt personnel	$ 32.000 00
Impôt des Patentes	75.500 00
Taxes assimilées	30.400 00
Enregistrement	8.600 00
Domaines	660.950 00
Produits des Forêts	99.200 00
Produits affermés	7.881 00
Exploitation des bacs	70.000 00
Produits divers	320.100 00
soit en plus	$ 1.304.631 00

dont il y a lieu de retrancher la moins-value constatée sur l'impôt foncier : 29.820 $ pour obtenir l'accroissement des Recettes normales et permanentes du Budget Local de 1928 sur les recettes correspondantes de 1927, soit 1.274.811 piastres.

Il faut remarquer que l'augmentation progressive du rendement des impôts proprement dits ne s'élève qu'à 108.080 $, chiffre insuffisant pour compenser la progression normale des dépenses.

La plus-value la plus sensible doit provenir de la vente des terrains domaniaux : terrains de rizière de la région de Camau et terres à caoutchouc des régions de Baria, Tayninh et de Phuriêng, dont les travaux de levé et de lotissement sont actuellement en cours d'exécution et qui seront ouverts à la colonisation dans le courant de 1928.

Les autres plus-values correspondent :

a) au relèvement du prix de la journée de traitement à l'Hôpital Drouhet et à l'Hôpital indigène de Cochinchine ;

b) à l'incorporation des recettes de l'Hôpital Grall, dont le Budget Local doit assurer le fonctionnement et l'entretien à partir du 1er janvier 1928 ;

c) à l'inscription du produit brut de l'exploitation des bacs au lieu du net perçu en 1927 ; la différence entre ces deux prévisions représentant le montant des dépenses d'exploitation.

Mais ces plus-values sont, soit en partie, soit en totalité, absorbées par les dépenses que la Colonie doit supporter pour l'Assistance médicale ou le fonctionnement des bacs.

Les ressources normales et permanentes du Budget Local de la Cochinchine ne progressent donc pas suffisamment pour équilibrer un accroissement de charges rendu inévitable par le développement économique de la Colonie et par l'élévation du prix de toutes choses.

En somme, les prévisions de recettes nécessaires aux dépenses strictement indispensables pour assurer la marche des différents services de la Colonie pendant l'année 1928, sont en augmentation de 1.673. 254 $ sur les prévisions correspondantes de l'exercice 1927.

Dans leur ensemble, les accroissements absolus de crédits au Budget de 1928 se répartissent et s'expliquent de la façon suivante :

1° *Travaux Publics*. — Le plan de campagne de 1927 atteignait 5.329.336 $. Celui de 1928 s'élève à 5.390.043 $ ne comportant qu'une légère augmentation pour les travaux, de 60.707 $.

De même qu'en 1927, les travaux de dragages et d'entretien des routes coloniales seront assurés par le Budget Local avec les subventions consenties par le Budget Général.

2° *Dépenses nouvelles sur les autres chapitres.* — Les principales dépenses nouvelles mises au compte de la Cochinchine, en 1928 sont les suivantes :

1° Subvention pour l'exploitation des Services postaux fluviaux	$ 150.000 00
2° Dépenses d'entretien et de fonctionnement de l'Hôpital Grall	259.867 00
3° Taxe de consommation des alcools destinés à la préparation des médicaments, dont l'exonération a été abrogée par l'article 5 de l'Arrêté du 30 octobre 1925	25.200 00
4° Indemnités aux Vétérinaires chargés de la visite des animaux importés et exportés	3.600 00
Total	$ 438.667 00

Parmi les augmentations portant sur les divers chapitres et dont l'explication figur dans le corps du Budget, il y a lieu de signaler :

a) celle de 200.000 $ apportée au crédit prévu pour exécution des travaux de bornages généraux et de lotissement à l'entreprise des terrains domaniaux à aliéner dans les régions de Camau, Baria, Tayninh et Phuriêng.

b) celle de 30.000$ pour les Foires et Expositions en vue de l'organisation de la participation de la Cochinchine à l'Exposition Coloniale de 1929.

c) l'ouverture du Collège de Cochinchine occasionnant une dépense totale, en Personnel et Matériel de 266.061 $ en partie compensée par le passage, au Budget général, des dépenses du Collège Chasseloup-Laubat ayant donné lieu, en 1927, à une inscription de 211.613 $.

d) Relèvement des soldes des Magistrats accordé par l'article 57 de la loi de Finances du 30 avril 1921, rendu applicable aux magistrats coloniaux par le Décret du 16 décembre 1926, promulgué en Indochine par Arrêté du 22 avril 1927 et entraînant une augmentation de prévisions de 36.859 $.

e) Modification du taux budgétaire, nécessitant une prévision supplémentaire de 148.251 $ pour les dépenses en francs décomptées au taux de 10 francs au lieu de 12 fr. 50.

Conformément aux prescriptions de la Circulaire n° 1923 du 16 février 1927 de M. le Gouverneur Général de l'Indochine, les prévisions de Personnel ont été établies en se basant sur l'effectif présent à la Colonie, au 1er avril 1927, les prévisions pour le personnel en congé ne comprenant que la solde de présence, la majoration provisoire de traitement et la majoration provisoire de 12 %.

Ce nouveau mode de décompte se traduit, pour la plupart des chapitres de personnel, par des prévisions supérieures à celles de 1927, exercice pour lequel la solde du personnel en congé n'avait été marquée que par une réduction de 20 % sur la solde et le supplément colonial du personnel en service au 1er avril 1926.

Les variations de crédits, de 1927 à 1928, se traduisent, dans les différents services, par les résultats suivants pour 1928 :

En plus :

Pensions	$	10.273 00
Dépenses politiques		154.645 00
Administration générale		323.427 00
Justice		37.847 00
Services financiers		237.718 00
Services d'intérêt social { a) Enseignement ..... $ 205.332 ; b) Assistance médicale 416.966 }		622.298 00
Service d'intérêt économique		122.525 00
Travaux Publics		156.460 00
Dépenses communes		225.561 00
Total	$	1.890.754 00

En moins :

Subventions aux provinces .... $ 62.500 ; Dépenses extraordinaires .... 155.000 }		217.500 00

Ce bref exposé fait ressortir les difficultés rencontrées dans l'établissement du Budget. Elles ne sont d'ailleurs que momentanées. Un nouvel effort pourra être accompli en temps opportun pour accroître nos ressources en modifiant, s'il le faut, l'assiette de certains impôts, en obtenant aussi un meilleur rendement de la matière imposable.

IV. — Conclusions

Je ne suis pas inquiet. Un pays aussi riche que celui aux destinées duquel vous présidez, est capable de poursuivre dans des conditions satisfaisantes, avec un certain effort de volonté, l'œuvre de perfectionnement de son outillage économique et de ses services d'intérêt social.

Comment douter en effet de ce pays ? J'ai esquissé plus haut l'accroissement de sa richesse agricole. L'augmentation de son mouvement commercial n'est pas moins admirable.

Le mouvement commercial de la Cochinchine a atteint durant l'année 1926 :
pour le commerce extérieur. 4 milliards 805.579.000 francs
contre. . . . . 3 milliards 059.428.000 francs en 1925,
pour le commerce intérieur 1 milliard 185.223.000 francs
contre. . . . . 892.061.000 francs en 1925,

soit au total, pour le mouvement général du commerce intérieur et extérieur :
5 milliards 990.802.000 francs en 1926
contre. . . . . .3 milliards 951.489.000 francs en 1925.

Pour le seul commerce extérieur, les importations passent de :
133.285.000 francs en 1911
à 1 milliard 078.304.000 francs en 1925
et à 1 milliard 835.375.000 francs en 1926.
Ces chiffres représentent de 1925 à 1926 une plus-value de 757.071.000 francs et de 1911 à 1926, soit en 15 ans, un doublement des importations, compte tenu des moyennes de change.

Les exportations de leur côté, présentent une augmentation encore plus rapide :
elles passent de 129.358.000 francs en 1911
à 1 milliard 981.124.000 francs en 1925
et à 2 milliards 970.204.000 francs en 1926,
soit:de 1925 à 1926 une plus-value de 989.124.000 francs, et de 1911 à 1926, un accroissement du commerce d'exportation dans une proportion qui dépasse le simple au triple. Et encore, je dois ajouter que, dans le chiffre de 2 milliards 970.204.000 frs. représentant la valeur des

exportations en 1926, n'est pas comprise une somme de 100.000.000 de francs de réexportation.

La balance commerciale de l'année écoulée s'est soldée pour la Cochinchine par un excédent des exportations sur les importations de 1 milliard 134.829.000 frs. et le commerce extérieur de la Colonie (importations et exportations) a été en augmentation de 1 milliard 746.151.000 francs.

La part de la France dans les exportations de la Colonie est de 25 % environ, tandis qu'elle atteint 49 et 50 % dans les importations. C'est un point important à signaler, moins important toutefois que l'accroissement extrêmement rapide des importations dans ce pays, qui a profondément modifié l'allure générale du trafic.

Jusqu'à ces toutes dernières années en effet, la Cochinchine était surtout exportatrice ; actuellement le tonnage à l'importation par le seul Port de Saigon, qui était minime en 1920, représente les trois huitièmes du tonnage à l'exportation :

620.000 tonnes à l'importation contre 1.600.000 tonnes à l'exportation en 1926.

Ce tonnage d'importation offre, depuis 1920, et surtout dans les trois dernières années, une progression remarquable : le Port de Saigon a importé :

en 1920	170.000	tonnes
en 1923	190.000	—
en 1924	230.000	—
en 1925	340.000	—
en 1926	620.000	—

le tonnage à l'importation doublant presque de 1925 à 1926.

* * *

Je n'ajouterai qu'une seul mot, Messieurs. Le mouvement commercial de la Cochinchine a été, en 1926, de près de six milliards, il était en 1860, première année de l'ouverture du Port de Saigon, de 7.700.000 francs, les exportations de riz qui se sont élevées l'an dernier à 1.400.000 tonnes étaient alors de 53.939 tonneaux.

De tels chiffres se suffisent à eux-mêmes. Tout commentaire en affaiblirait la portée. La France est fière ici du passé, elle envisage le présent et l'avenir avec une entière sérénité. Là où de tels services ont été rendus à la grandeur et à la prospérité d'une contrée, où plus des sept dixièmes de l'accroissement des richesses ont profité aux seuls autochtones, là ces services ne sauraient être oubliés. Qui retiendrait, devant de telles constatations, les clameurs inconsidérées de quelques Français ou de quelques Annamites dont on ne sait de quoi, il faut le plus s'étonner, de leur parti-pris ou de leur ignorance ? N'a-t-on pas été cependant jusqu'à oser prétendre que nous avions laissé ce pays en arrière des progrès réalisés chez des peuples voisins comme la Chine et le Siam !

J'aime et j'apprécie le Royaume de Siam, dont une grande partie m'est connue, et où un noble et grand effort, ces dernières années, a été accompli. C'est un pays de 10 millions d'habitants : cependant, il n'entretient que 400 écoles avec une population scolaire de moins de 40.000 enfants ; la Cochinchine qui n'a que 4 millions d'âmes compte plus de 1.400 écoles fréquentées par 112.000 élèves. Le mouvement commercial du Siam ne dépasse pas 427 millions de ticaux, soit un peu plus de quatre milliards, bien inférieur à celui de la Cochinchine. Par contre, le Budget royal s'élevait en 1924 à 90.000.000 de ticaux soit 900 millions de francs, alors que l'ensemble de tous les budgets de la Cochinchine est d'environ 38 millions de piastres, ou 427 millions de francs.

Il est des nations plongées dans de tels abîmes de douleur qu'il convient de n'en parler qu'avec discrétion et respect. A deux reprises, j'ai eu l'honneur d'administrer un territoire chinois sensiblement égal à une de nos provinces cochinchinoises, placé sous la protection de la France et auquel je demeure profondément attaché. Quels spectacles ne m'y ont pas serré le cœur ! Des foules fugitives venant chercher asile sur notre concession, emportant avec elles les maigres épaves de ce qu'elles avaient pu sauver de leurs biens ou de leur fortune, implorant la protection française, suppliant que nous n'abandonnions pas le territoire, hâvre de travail et de paix au milieu de l'anarchie environnante : mères enlevées, enfants perdus ou volés, pères à qui rien ne restait plus de tout ce qu'ils avaient aimé, villages rasés ou brûlés, monceaux de têtes coupées s'élevant jusqu'aux toits des maisons, autant de visions affreuses qui poursuivent encore ma pensée !

Peuple de Cochinchine, dans ta sagesse, au milieu de tes calmes rizières, ne méconnais pas ton bonheur, ni ce que tu dois à la paix française. Il y a 70 ans, aux embouchures du Mékong, deux peuples colonisateurs se sont rencontrés : l'un venait du lointain Occident, l'autre, descendu lentement au cours des siècles le long de la Chaîne annamitique, avait refoulé ou réduit au plus dur esclavage les premiers occupants, riches cependant d'un glorieux passé à en juger par les restes d'une civilisation merveilleuse qui, en Orient, n'a pas été égalée et dont nous recueillons avec admiration et respect les derniers vestiges. Cependant, le plus fort de ces deux peuples tendit au plus faible une main secourable et l'associa loyalement à son effort de colonisation. Vous savez, Messieurs, par le développement de la fortune indigène, à qui de ces deux peuples cette association a le plus largement profité. Français, nous nous en félicitons ! Ce qui nous portait vers ces éloignés rivages, n'était pas la passion du lucre, mais ce goût de l'aventure et du prosélytisme qui de tout temps a animé notre patrie. Celle-ci pendant près de douze cents ans a maintenu haut et ferme en Occident ce flambeau de la civilisation latine qu'à travers les ténèbres des invasions, la Gaule, vaincue jadis cependant par Rome, alors foulée par les pieds des barbares, lui avait tendu. Ah ! Messieurs, ne voyons-nous pas dans ce souvenir historique comme le présage pour l'Annam et pour la France d'un lumineux avenir ! Ces deux Nations indissolublement unies par un commun destin élèvent sur les bords du Pacifique un des foyers de cette civilisation universelle que créent peu à peu, sous nos yeux, l'effacement des distances par le développement et la rapidité des moyens de transport, la fusion des communautés civilisées par l'extension et la multiplicité des échanges aussi bien du commerce que de la pensée. Qu'elles apprennent l'une l'autre à se mieux connaître et à s'estimer davantage pour être un jour confondues dans la reconnaissance des Hommes comme dans leur prospérité.

Messieurs les Conseillers Coloniaux, je déclare ouverte votre session ordinaire de 1927.

www.ingramcontent.com/pod-product-compliance
Ingram Content Group UK Ltd.
Pitfield, Milton Keynes, MK11 3LW, UK
UKHW022145170726
13837UKWH00004B/1801